www.ingramcontent.com/pod-product-compliance
Lightning Source LLC
LaVergne TN
LVHW010357070526
838199LV00065B/5848

ہر زخم بن رہا ہے زباں

(منتخب فلمی نغمے)

کیفی اعظمی

مرتبہ : اعجاز عبید

© Taemeer Publications LLC

Har Zakhm ban raha hai Zabaan *(Film Songs)*

by: Kaifi Azmi

Edition: June '2025

Publisher :

Taemeer Publications LLC (Michigan, USA / Hyderabad, India)

ISBN 978-93-6908-714-3

9 789369 087143

مصنف یا ناشر کی پیشگی اجازت کے بغیر اس کتاب کا کوئی بھی حصہ کسی بھی شکل میں بشمول ویب سائٹ پر
اَپ لوڈنگ کے لیے استعمال نہ کیا جائے۔ نیز اس کتاب پر کسی بھی قسم کے تنازع کو نمٹانے کا اختیار
صرف حیدرآباد (تلنگانہ) کی عدلیہ کو ہو گا۔

© تعمیر پبلی کیشنز

کتاب	:	**ہر زخم بن رہا ہے زباں (فلمی نغمے)**
مصنف	:	**کیفی اعظمی**
صنف	:	شاعری
ناشر	:	تعمیر پبلی کیشنز (حیدرآباد، انڈیا)
سالِ اشاعت	:	۲۰۲۵ء
صفحات	:	۱۱۲
سرورق ڈیزائن	:	تعمیر ویب ڈیزائن

فہرست

فلم : 40 ڈیز	3
فلم : آخری خط	5
فلم : انوپما	9
فلم : ارتھ	20
فلم : بزدل	26
فلم : چاند گرہن	28
فلم : ہنستے زخم	30
فلم : حقیقت	35
فلم : ہیر رانجھا	47
فلم : ہندستان کی قسم	55

فلم : کاغذ کے پھول	60
فلم : کھرا	65
فلم : لالہ رخ	71
فلم : نینا	81
فلم : نقلی نواب	83
فلم : نونہال	89
فلم : پاکیزہ	93
فلم : شمع	96
فلم : شعلہ اور شبنم	103
فلم : اس کی کہانی	106

فلم : 40 ڈیز

موسیقار : بابل

آواز : آشا بھوسلے

بیٹھے ہیں رہگزر پر دل کا دیا جلائے
شاید وہ درد جانے ، شاید وہ لوٹ آئے
بیٹھے ہیں رہگزر پر۔۔۔

آکاش پر ستارے چل چل کے تھم گئے ہیں
شبنم کے سرد آنسو پھولوں پہ جم گئے ہیں

ہم پر نہیں کسی پر اسے کاش رحم کھائے
شاید وہ درد جانے، شاید وہ لوٹ آئے
بیٹھے ہیں رہگزر پر۔۔۔

راہوں میں کھو گئی ہیں حسرت بھری نگاہیں
کب سے لچک رہی ہیں ارماں کی نرم باہیں
ہر موڑ پر تمنا آہٹ اسی کی پائے
شاید وہ درد جانے، شاید وہ لوٹ آئے
بیٹھے ہیں رہگزر پر۔۔۔
***

فلم : آخری خط

موسیقار : خیام
آواز : لتا منگیشکر

بہارو! میرا جیون بھی سنوارو، بہارو۔۔۔۔
بہارو میرا جیون بھی سنوارو
کوئی آئے کہیں سے یوں پکارو
بہارو! میرا جیون بھی سنوارو، بہارو۔۔۔۔

تمہیں سے دل نے سیکھا ہے تڑپنا
تمہیں کو دوش دوں گی اے نظارو
بہارو! میرا جیون بھی سنوارو، بہارو۔۔۔۔

سجاؤ کوئی کجرا لاؤ گجرا

لچکتی ڈالیو تم پھول وارو
بہارو! میرا جیون بھی سنوارو، بہارو۔ ۔ ۔ ۔

رچاؤ میرے ان ہاتھوں میں مہندی
سجاؤ مانگ میری یا سد ھارو
بہارو! میرا جیون بھی سنوارو، بہارو۔ ۔ ۔ ۔

نہ جانے کس کا سایہ دل سے گزرا
ذرا آواز دینا رازدارو
بہارو! میرا جیون بھی سنوارو، بہارو۔ ۔ ۔ ۔

★★★

آواز: محمد رفیع

اور کچھ دیر ٹھہر اور کچھ دیر نہ جا
اور کچھ دیر ٹھہر۔۔۔

رات باقی ہے ابھی رات میں رس باقی ہے
پا کے تجھ کو تجھے پانے کی ہوس باقی ہے
اور کچھ دیر ٹھہر اور کچھ دیر نہ جا
اور کچھ دیر ٹھہر۔۔۔

جسم کا رنگ فضا میں جو بکھر جائے گا
مہرباں حسن تیرا اور نکھر جائے گا

لاکھ ظالم ہے زمانہ مگر اتنا بھی نہیں
تو جو باہوں میں رہے وقت ٹھہر جائے گا
اور کچھ دیر ٹھہر اور کچھ دیر نہ جا
اور کچھ دیر ٹھہر۔۔۔

زندگی اب انہیں قدموں پہ لٹا دوں تو سہی
اے حسین بت میں خدا تجھ کو بنا دوں تو سہی
اور کچھ دیر ٹھہر اور کچھ دیر نہ جا
اور کچھ دیر ٹھہر۔۔۔

***

فلم : انوپما

موسیقار : ہیمنت کمار

آواز : آشا بھوسلے

بھیگی بھیگی فضا سن سن کے جیا
زلفیں اڑاتی ہے، خوشبو چراتی ہے
پاگل چنچل مست ہوا
بھیگی بھیگی فضا سن سن کے جیا۔۔۔

کوئل بن میں بولے
نس نس میں رس گھولے
کوئی نٹ کھٹ جیسے گھونگھٹ چوری چوری کھولے

کوئی آیا نہیں، بھایا نہیں
کس کا سایا ساتھ چلا
بھیگی بھیگی فضا۔۔۔

پل پل جھونکا آئے
آنچل سرکا جائے
تن من میرا جیون میرا دھیرے دھیرے گائے
دیکھو دیکھو ہنسی، دل کی کلی
دل میں ایسا درد اٹھا
بھیگی بھیگی فضا۔۔۔

ہنستے ہیں دیوانے
بنتے ہیں افسانے
دل کی باتیں دل کی گھاتیں کیسے کوئی جانے
مجھے روکو نہیں، ٹوکو نہیں

میں نے رستا ڈھونڈ ھ لیا
بھیگی بھیگی فضا۔۔۔۔
***

آواز : لتا منگیشکر

راگ : بھیم پلاسی

کچھ دل نے کہا، کچھ بھی نہیں
کچھ دل نے کہا، کچھ بھی نہیں
ایسی بھی باتیں ہوتی ہیں
ایسی بھی باتیں ہوتی ہیں
کچھ دل نے کہا، کچھ بھی نہیں

لیتا ہے دل انگڑائیاں، اس دل کو سمجھائے کوئی
ارمان نہ آنکھیں کھول دیں، رسوا نہ ہو جائے کوئی
پلکوں کی ٹھنڈی سیج پر، سپنوں کی پریاں سوتی ہیں
ایسی بھی باتیں ہوتی ہیں

ایسی بھی باتیں ہوتی ہیں
کچھ دل نے کہا، کچھ بھی نہیں

دل کی تسلی کے لئے، جھوٹی چمک جھوٹھ نکھار
جیون تو سونا ہی رہا، سب سمجھے آئی بہار
کلیوں سے کوئی پوچھتا، ہنستی ہیں یا روتی ہیں
ایسی بھی باتیں ہوتی ہیں
ایسی بھی باتیں ہوتی ہیں
کچھ دل نے کہا، کچھ بھی نہیں
***

آواز: لتا منگیشکر

دھیرے دھیرے مچل اے دل بے قرار
کوئی آتا ہے
یوں تڑپ کے نہ تڑپا مجھے بار بار
کوئی آتا ہے
دھیرے دھیرے مچل اے دل بے قرار
کوئی آتا ہے

اس کے دامن کی خوشبو ہواؤں میں ہے
اس کے قدموں کی آہٹ فضاؤں میں ہے
اس کے دامن کی خوشبو ہواؤں میں ہے
اس کے قدموں کی آہٹ فضاؤں میں ہے
مجھ کو کرنے دے، کرنے دے سولہ شر نگار

کوئی آتا ہے

دھیرے دھیرے مچل اے دل بے قرار

کوئی آتا ہے

روٹھ کر پہلے جی بھر ستاؤں گی میں

جب منائیں گے وہ، مان جاؤں گی میں

روٹھ کر پہلے جی بھر ستاؤں گی میں

جب منائیں گے وہ، مان جاؤں گی میں

مجھ کو کرنے دے، کرنے دے سولہ شرنگار

کوئی آتا ہے

دھیرے دھیرے مچل اے دل بے قرار

کوئی آتا ہے

مجھ کو چھونے لگیں اس کی پرچھائیاں

دل کے نزدیک بجتی ہیں شہنائیاں

مجھ کو چھونے لگیں اس کی پرچھائیاں
دل کے نزدیک بجتی ہیں شہنائیاں
میرے سپنوں کے آنگن میں گاتا ہے پیار
کوئی آتا ہے
دھیرے دھیرے مچل اے دلِ بے قرار
کوئی آتا ہے

***

آواز : ہیمنت کمار

یا دل کی سنو دنیا والو!
یا مجھ کو ابھی چپ رہنے دو
میں غم کو خوشی کیسے کہہ دوں
جو کہتے ہیں ان کو کہنے دو
یا دل کی سنو دنیا والو!

یہ پھول چمن میں کیسا کھلا
یہ پھول چمن میں کیسا کھلا
مالی کی نظر میں پیار نہیں
ہنستے ہوئے کیا کیا دیکھ لیا
اب بہتے ہیں آنسو بہنے دو

یا دل کی سنو۔۔۔

ایک خواب خوشی کا دیکھا نہیں
ایک خواب خوشی کا دیکھا نہیں
دیکھا جو کبھی تو بھول گئے
مانا ہم تمہیں کچھ دے نہ سکے
جو تم نے دیا وہ سہنے دو
یا دل کی سنو۔۔۔

کیا درد کسی کا لے گا کوئی
کیا درد کسی کا لے گا کوئی
اتنا تو کسی میں درد نہیں
بہتے ہوئے آنسو اور بہیں
اب ایسی تسلی رہنے دو
یا دل کی سنو۔۔۔
***

فلم : ارتھ

موسیقار : کلدیپ سنگھ
آواز : جگجیت سنگھ

جھکی جھکی سی نظر بے قرار ہے کہ نہیں
دبا دبا سا سہی دل میں پیار ہے کہ نہیں۔۔۔

تو اپنے دل کی جواں دھڑکنوں کو گن کے بتا۔۔۔
مری طرح ترا دل بے قرار ہے کہ نہیں۔۔۔
دبا دبا سا سہی دل میں پیار ہے کہ نہیں
جھکی جھکی سی نظر۔۔۔

وہ پل کے جس میں محبت جوان ہوتی ہے
اس ایک پل کا تجھے انتظار ہے کہ نہیں۔۔۔
دبا دبا سا سہی دل میں پیار ہے کہ نہیں
جھکی جھکی سی نظر۔۔۔

تیری امید پہ ٹھکرا رہا ہوں، دنیا کو۔۔۔
تجھے بھی اپنے پہ یہ اعتبار ہے کہ نہیں۔۔۔
دبا دبا سا سہی دل میں پیار ہے کہ نہیں
جھکی جھکی سی نظر۔۔۔
***

آواز : جگجیت سنگھ

کوئی یہ کیسے بتائے کہ وہ تنہا کیوں ہے؟
وہ جو اپنا تھا وہی اور کسی کا کیوں ہے؟
یہی دنیا ہے تو پھر ایسی یہ دنیا کیوں ہے؟
یہی ہوتا ہے تو آخر یہی ہوتا کیوں ہے؟

اک ذرا ہاتھ بڑھا، دے تو پکڑ لے دامن
اس کے سینہ میں سما جائے ہماری دھڑکن
اتنی قربت ہیں تو پھر فاصلہ اتنا کیوں ہے؟
یہی ہوتا ہے تو آخر یہی ہوتا کیوں ہے؟

دل برباد سے نکلا نہیں اب تک کوئی
ایک لٹے گھر پہ دیا کرتا ہیں دستک کوئی

آس جو ٹوٹ گئی پھر سے بندھاتا کیوں ہے ؟
یہی ہوتا ہے تو آخر یہی ہوتا کیوں ہے ؟

تم مسرت کا کھویا اسے غم کا رشتہ
کہتے ہیں پیار کا رشتہ ہیں جنم کا رشتہ
ہیں جنم کا جو یہ رشتہ تو بدلتا کیوں ہے
یہی ہوتا ہے تو آخر یہی ہوتا کیوں ہے ؟

***

آواز : جگجیت سنگھ

تم اتنا جو مسکرا رہے ہو
کیا غم ہے جس کو چھپا رہے ہو
تم اتنا جو مسکرا رہے ہو

آنکھوں میں نمی ہنسی لبوں پر
آنکھوں میں نمی ہنسی لبوں پر
کیا حال ہے کیا دکھا رہے ہو
کیا غم ہے جس کو چھپا رہے ہو
تم اتنا جو مسکرا رہے ہو

بن جائیں گے زہر پیتے پیتے
بن جائیں گے زہر پیتے پیتے

یہ اشک جو پیتے جا رہے ہو
کیا غم ہے جس کو چھپا رہے ہو
تم اتنا جو مسکرا رہے ہو

ریکھاؤں کا کھیل ہے مقدر
ریکھاؤں کا کھیل ہے مقدر
ریکھاؤں سے مات کھا رہے ہو
کیا غم ہے جس کو چھپا رہے ہو
تم اتنا جو مسکرا رہے ہو
***

فلم : بزدل

موسیقار : سچن دیو برمن
آواز : لتا منگیشکر

روتے روتے گزر گئی
روتے روتے گزر گئی رات رے
آئی یاد تری ہر بات رے
روتے روتے گزر گئی

نیند بھی میری نہ میری ہو سکی
روکے شبنم بھی نہ یہ غم دھو سکی

تھی میں تیری پر نہ تیری ہو سکی
روتے روتے گزر گئی

خواب کی دنیا اجڑ کر رہ گئی
چھین لی سورج نے گھر کی روشنی
چاند سے ہوتی ہے دور اب چاندنی
روتے روتے گزر گئی

پیار کی گھڑیاں بہت یاد آئیں گی
یاد آ کر رات دن تڑپائیں گی
تم کو یہ تنہائیاں ڈس جائیں گی
روتے روتے گزر گئی

***

فلم : چاند گرہن

موسیقار : جے دیو
آواز : مکیش

تجھ کو یوں دیکھا ہے، یوں چاہا ہے، یوں پوجا ہے
تو جو پتھر کی بھی ہوتی تو خدا ہو جاتی
بے خطا روٹھ گئی روٹھ کے دل توڑ دیا
کیا سزا دیتی اگر کوئی خطا ہو جاتی

ہاتھ پھیلا دئیے انعام محبت کے لئے
یہ نہ سوچا کہ میں کیا، میری محبت کیا ہے
رکھ دیا دل

رکھ دیا دل تیرے قدموں پہ تب آیا یہ خیال
تجھ کو اس ٹوٹے ہوئے دل کی ضرورت کیا ہے
تجھ کو اس ٹوٹے ہوئے دل کی ضرورت کیا ہے

تیری الفت کے خریدار تو اتنے ہوں گے
تیری الفت کے خریدار تو اتنے ہوں گے
تیرے غصے کا طلبگار ملے یا نہ ملے

لکھ دے میرے ہی مقدر میں سزائیں ساری
پھر کوئی مجھ سا گنہگار ملے یا نہ ملے
پھر کوئی مجھ سا گنہگار ملے یا نہ ملے

***

فلم : ہنستے زخم

موسیقار : مدن موہن
آواز : لتا منگیشکر
راگ : پیلو

آج سوچا تو آنسو بھر آئے
مدتیں ہو گئیں مسکرائے

ہر قدم پر ادھر مڑ کے دیکھا
ہر قدم پر ادھر مڑ کے دیکھا
ان کی محفل سے ہم اٹھ تو آئے
آج سوچا تو آنسو بھر آئے

دل کی نازک رگیں ٹوٹتی ہیں
دل کی نازک رگیں ٹوٹتی ہیں
یاد اتنا بھی کوئی نہ آئے
آج سوچا تو آنسو بھر آئے

رہ گئی زندگی درد بن کے
رہ گئی زندگی درد بن کے
درد دل میں چھپائے چھپائے
آج سوچا تو آنسو بھر آئے
***

آواز : لتا منگیشکر

بیتاب دل کی تمنا یہی ہے

تمہیں چاہیں گے، تمہیں پوجیں گے

تمہیں اپنا خدا بنائیں گے

بیتاب دل کی تمنا یہی ہے

سونے سونے خوابوں میں، جب تک تم نہ آئے تھے

خوشیاں تھی سب اوروں کی، غم بھی سارے پرائے تھے

اپنے سے بھی چھپائی تھی، دھڑکن اپنے سینے کی

ہم کو جینا پڑتا تھا، خواہش کب تھی جینے کی

اب جو آکے تم نے، ہمیں جینا سیکھا دیا ہے

چلو دنیا نئی بسائیں گے

بیتاب دل کی تمنا یہی ہے

بھیگی بھیگی پلکوں پر، سپنے کتنے سجائے ہیں
دل میں جتنا اندھیرا تھا، اتنے اجالے آئے ہیں
تم بھی ہم کو جگا نا نا، باہوں میں جو سو جائے
جیسے خوشبو پھولوں میں، تم میں یوں ہی کھو جائے
پل بھر کسی جنم میں، کبھی چھوٹے نہ ساتھ اپنا
تمہیں ایسے گلے لگائیں گے
بیتاب دل کی تمنا یہی ہے

وعدے بھی ہیں، قسمیں بھی، بیتا وقت اشاروں کا
کیسے کیسے ارماں ہیں، میلہ جیسے بہاروں کا
سارا گلشن دے ڈالا، کلیاں اور کھلاؤ نا
ہنستے ہنستے رو دیں ہم، اتنا بھی تو ہنساؤ نا
دل میں تم ہی بسے ہو، سارا آنچل وہ بھر چکا ہے

کہاں اتنی خوشی چھپائیں گے
بیتاب دل کی تمنا یہی ہے
***

فلم : حقیقت

موسیقار : مدن موہن

آواز : بھوپیندر، مناڈے، محمد رفیع، طلعت محمود

ہو کے مجبور مجھے اس نے بھلایا ہوگا
زہر چپکے سے دوا جان کے کھایا ہوگا
ہو کے مجبور۔۔۔

بھوپندر : دل نے ایسے بھی کچھ افسانے سنائے ہوں گے
اشک آنکھوں نے پیئے اور نہ بہائے ہوں گے
بند کمرے میں جو خط میرے جلائے ہوں گے
ایک اک حرف جبیں پر ابھر آیا ہوگا

رفیع : اس نے گھبرا کے نظر لاکھ بچائی ہوگی
دل کی لٹتی ہوئی دنیا نظر آئی ہوگی
میز سے جب مری تصویر ہٹائی ہوگی
ہر طرف مجھ کو تڑپتا ہوا پایا ہوگا
ہو کے مجبور۔۔۔

طلعت : چھیڑ کی بات پہ ارماں مچل آئے ہوں گے
غم دکھاوے کی ہنسی نے نہ چھپائے ہوں گے
نام پر میرے جب آنسو نکل آئے ہوں گے
نام پر میرے جب آنسو نکل آئے ہوں گے
سر نہ کاندھے سے سہیلی کے اٹھایا ہوگا

منا ڈے : زلف ضد کر کے کسی نے جو بنائی ہوگی
اور بھی غم کی گھٹا مکھڑے پہ چھائی ہوگی

بجلی نظروں نے کئی دن نہ گرائی ہوگی
رنگ چہرے پہ کئی روز نہ آیا ہوگا
ہو کے مجبور۔۔۔

***

آواز: لتا منگیشکر

آئی اب کی سال دوالی منہ پر اپنے خون ملے
آئی اب کی سال دوالی
چاروں طرف ہے گھور اندھیرا گھر میں کیسے دیپ جلے
آئی اب کی سال۔۔۔

بالک ترسے پھلجھڑیوں کو دیپوں کو دیواریں
دیپوں کو دیواریں
ماں کی گودی سونی سونی آنگن کیسے سنوارے
آنگن کیسے سنوارے
راہ میں ان کی جاؤ اجالوں بن میں جن کی شام ڈھلے
آئی اب کی سال۔۔۔

جن کے دم سے جگمگ جگمگ کرتی تھی یہ راتیں
کرتی تھی یہ راتیں
چوری چوری ہو جاتی تھی من سے من کی باتیں
من سے من کی باتیں
چھوڑ چلے وہ گھر میں اماوس، جیوتی لے کر ساتھ چلے
آئی اب کی سال۔۔۔

ٹپ ٹپ ٹپ ٹپ ٹپکے آنسو چھلکی خالی تھالی
آنسو چھلکی خالی تھالی
جانے کیا کیا سمجھاتی ہے آنکھوں کی یہ لالی
آنکھوں کی یہ لالی
شور مچا ہے آگ لگی ہے کٹتے ہے پروت پہ گلے
آئی اب کی سال۔۔۔

***

آواز: لتا منگیشکر

راگ: یمن کلیان کلیان

ذرا سی آہٹ ہوتی ہے تو دل سوچتا ہے
کہیں یہ وہ تو نہیں، کہیں یہ وہ تو نہیں
ذرا سی آہٹ ہوتی ہے۔۔۔

چھپ کے سینہ میں کوئی جیسے صدا دیتا ہے
شام سے پہلے دیا دل کا جلا دیتا ہے
ہے اسی کی یہ صدا، ہے اسی کی یہ ادا
کہیں یہ وہ تو نہیں۔۔۔

شکل پھرتی ہے نگاہوں میں وہی پیاری سی
میری نس نس میں مچلنے لگی چنگاری سی

چھو گئی جسم مراکس کے دامن کی ہوا
کہیں یہ وہ تو نہیں۔۔۔

آواز : محمد رفیع

کر چلے ہم فدا جان و تن ساتھیو
اب تمہارے حوالے وطن ساتھیو

سانس تھمتی گئی نبض جمتی گئی
پھر بھی بڑھتے قدم کو نہ رکنے دیا
کٹ گئے سر ہمارے تو کچھ غم نہیں
سر ہمالے کا ہم نے نہ جھکنے دیا
مرتے مرتے رہا بانکپن ساتھیو،
اب تمہارے حوالے وطن ساتھیو
کر چلے ہم فدا جان و تن ساتھیو
اب تمہارے حوالے وطن ساتھیو

زندہ رہنے کے موسم بہت ہیں مگر
جان دینے کی رت روز آتی نہیں
حسن اور عشق دونوں کو رسوا کرے
وہ جوانی جو خوں میں نہاتی نہیں
آج دھرتی بنی ہے دلہن ساتھیو
اب تمہارے حوالے وطن ساتھیو
کر چلے ہم فدا جان و تن ساتھیو
اب تمہارے حوالے وطن ساتھیو

راہ قربانیوں کی نہ ویران ہو
تم سجاتے ہی رہنا نئے قافلے
فتح کا جشن اس جشن کے بعد ہے
زندگی موت سے مل رہی ہے گلے
باندھ لو اپنے سر سے کفن ساتھیو
اب تمہارے حوالے وطن ساتھیو

کر چلے ہم فدا جان و تن ساتھیو
اب تمہارے حوالے وطن ساتھیو

کھینچ دو اپنے خوں سے زمیں پر لکیر
اس طرف آنے پائے نہ راون کوئی
توڑ دو ہاتھ اگر ہاتھ اٹھنے لگے
چھونے پائے نہ سیتا کا دامن کوئی
رام بھی تم تمہیں لکشمن ساتھیو
اب تمہارے حوالے وطن ساتھیو
کر چلے ہم فدا جان و تن ساتھیو
اب تمہارے حوالے وطن ساتھیو
***

آواز : محمد رفیع

میں یہ سوچ کر اس کے درسے اٹھا تھا
کہ وہ روک لے گی منا لے گی مجھ کو

ہواؤں میں لہراتا آتا تھا دامن
کہ دامن پکڑ کر بٹھا لے گی مجھ کو

قدم ایسے انداز سے اٹھ رہے تھے
کہ آواز دے کر بلا لے گی مجھ کو

مگر اس نے روکا
نہ اس نے منایا
نہ دامن ہی پکڑا

نہ مجھ کو بٹھایا

نہ آواز ہی دی

نہ واپس بلایا

یہاں تک کہ اس سے جدا ہو گیا میں

یہاں تک کہ اس سے جدا ہو گیا میں

***

فلم : ہیر رانجھا

موسیقار : مدن موہن
آواز : لتا منگیشکر
راگ : پہاڑی

دو دل ٹوٹے دو دل ہارے دنیا والوں صدقے تمہارے
دو دل ٹوٹے دو دل ہارے

دیکھے گی مکھڑا اپنا اب سے جوانی دل کے داغ میں
برسے گا کیسے ساون کیسے پڑیں گے جھولے باغ میں
بین کریں گے خواب کنوارے

دو دل ٹوٹے دو دل ہارے

میں نہ ہوں گی لیکن گونجیں گے آہیں میرے گاؤں میں
اب نہ کھلے گی سرسوں اب نہ لگے گی مہندی پاؤں میں
اب نہ اگیں گے چاند ستارے
دو دل ٹوٹے دو دل ہارے

پیار تمہارا دیکھا
دیکھا تمہارا آنکھیں موڑنا
توڑ کے جانا دل کو کھیل نہیں ہے دل کا توڑنا
تڑپو گے تم بھی ساتھ ہمارے
دو دل ٹوٹے دو دل ہارے
***

آواز: لتا منگیشکر

ملو نہ تم تو ہم گھبرائیں
ملو تو آنکھ چرائیں
ہمیں کیا ہو گیا ہے
تمہیں کو دل کا راز بتائیں
تمہیں سے راز چھپائیں
ہمیں کیا ہو گیا ہے۔۔۔

او بھولے ساتھیا
دیکھی جو شوخی تیرے پیار کی اوئے ہوئے
او بھولے ساتھیا۔۔۔۔
دیکھی جو شوخی تیرے پیار کی
آنچل میں بھر لیں ہم نے

ساری بہاریں سنسار کی
نئی ادا سے ہم اٹھلائیں
پائی خوشی لٹائیں
ہمیں کیا ہو گیا ہے---

روٹھے کبھی کبھی مان گئے
باتیں تمہاری ہم جان گئے
آ~
ایسی ادائیں قربان گئے
تمہیں منائیں دل بہلائیں
کیا کیا ناز اٹھائیں
ہمیں کیا ہو گیا ہے---

او سوہنے جوگیا
رنگ لے ہمیں بھی اسی رنگ میں اوئے ہوئے

او سوہنے جوگیا

او سوہنے جوگیا

رنگ لے ہمیں بھی اسی رنگ میں

پھر سے سنا دے بنسی

کلیاں کھلا دے گورے انگ میں

وحی جو تانیں آگ لگائیں

انہیں سے آگ بجھائیں

ہمیں کیا ہو گیا ہے۔۔۔

***

آواز: محمد رفیع

یہ دنیا یہ محفل

میرے کام کی نہیں

میرے کام کی نہیں

کس کو سناؤں حال دل بے قرار کا

بجھتا ہوا چراغ ہوں، اپنے مزار کا

اے کاش بھول جاؤں مگر بھولتا نہیں

کس دھوم سے اٹھا تھا جنازہ بہار کا

یہ دنیا یہ محفل

میرے کام کی نہیں

میرے کام کی نہیں

اپنا پتہ ملے نہ خبر یار کی ملے
دشمن کو بھی نہ ایسی سزا پیار کی ملے
ان کو خدا ملے ہے خدا کی جنہیں تلاش
مجھ کو بس اک جھلک میرے دل دار کی ملے
یہ دنیا یہ محفل
میرے کام کی نہیں
میرے کام کی نہیں

صحرا میں آکے بھی مجھ کو ٹھکانا نہ ملا
غم کو بھلانے کا کوئی بہانا نہ ملا
دل ترسے جس میں پیار کو کیا سمجھوں اس سنسار کو
اک جیتی بازی ہار کے میں ڈھونڈھوں بچھڑے یار کو
یہ دنیا یہ محفل
میرے کام کی نہیں
میرے کام کی نہیں

دور نگاہوں سے آنسو بہاتا ہے کوئی
کیسے نہ جاؤں میں مجھ کو بلاتا ہے کوئی
یا ٹوٹے دل کو جوڑ دو یا سارے بندھن توڑ دو
اے پربت رستہ دے مجھے اے کانٹو دامن چھوڑ دو
یہ دنیا یہ محفل
میرے کام کی نہیں
میرے کام کی نہیں

★★★

فلم : ہندستان کی قسم

موسیقار : مدن موہن

آواز : مناڈے

ہر طرف اب یہی افسانے ہیں
ہم تری آنکھوں کے دیوانے ہیں
ہر طرف اب یہی افسانے ہیں

اتنی سچائی ہے ان آنکھوں میں
کھوٹے سکے بھی کھرے ہو جائیں
تو کبھی پیار سے دیکھے جو ادھر
سوکھے جنگل بھی ہرے ہو جائیں
باغ بن جائیں، باغ بن جائیں جو ویرانے ہیں

ہم تری آنکھوں کے دیوانے ہیں
ہر طرف اب یہی افسانے ہیں

ایک سا اشارہ ان کا
کبھی دل اور کبھی جاں لوٹے گا
کس طرح پیاس بجھے گی اس کی
کس طرح اس کا نشہ ٹوٹے گا
جس کی قسمت میں، جس کی قسمت میں یہ پیمانے ہیں
ہم تری آنکھوں کے دیوانے ہیں
ہر طرف اب یہی افسانے ہیں

نیچی نظروں میں ہیں کتنا جادو
ہو گئے پل میں کئی خواب جواں
کبھی اٹھنے کبھی جھکنے کی ادا
لے چلی جانے کدھر جانے کہاں
راستے پیار کے، راستے پیار کے انجانے ہیں
ہم تیری آنکھوں کے دیوانے ہیں

ہم تیری آنکھوں کے دیوانے ہیں
ہر طرف اب یہی افسانے ہیں
***

آواز: لتا منگیشکر

ہے تیرے ساتھ میری وفا میں نہیں تو کیا
زندہ رہے گا پیار میرا، میں نہیں تو کیا
ہے تیرے ساتھ میری وفا۔۔۔

تیرے لئے اجالوں کی کوئی کمی نہیں
سب تیری روشنی ہے، میری روشنی نہیں
کوئی نیا چراغ جلا، میں نہیں تو کیا
ہے تیرے ساتھ میری وفا۔۔۔

کچھ دھڑکنوں کا ذکر ہو، کچھ دل کی بات ہو
ممکن ہے اس کے بعد، نہ دن ہو نہ رات ہو
میرے لئے نہ اشک بہا، میں نہیں تو کیا

ہے تیرے ساتھ میری وفا۔۔۔
***

فلم : کاغذ کے پھول

موسیقار : سچن دیو برمن

آواز : محمد رفیع

ارے دیکھی زمانہ کی یاری

بچھڑے سبھی

بچھڑے سبھی باری باری

کیا لے کے ملیں اب دنیا سے، آنسو کے سوا کچھ پاس نہیں

یا پھول ہی پھول تھے دامن میں، یا کانٹوں کی بھی آس نہیں

مطلب کی دنیا ہے ساری

بچھڑے سبھی،

بچھڑے سبھی باری باری

وقت ہے مہرباں، آرزو ہے جواں
فکر کل کی کریں، اتنی فرصت کہاں
دور یہ چلتا رہے رنگ اچھلتا رہے
روپ مچلتا رہے، جام بدلتا رہے
رات بھر مہماں ہیں بہاریں یہاں
رات گر ڈھل گئی پھر یہ خوشیاں کہاں
پل بھر کی خوشیاں ہیں ساری
بڑھنے لگی بیقراری بڑھنے لگی بیقراری
ارے دیکھی زمانہ کی یاری
بچھڑے سبھی،
بچھڑے سبھی باری باری

اڑ جا اڑ جا پیاسے بھونرے، رس نہ ملے گا خاروں میں
کاغذ کے پھول جہاں کھلتے ہیں، بیٹھ نہ ان گلزاروں میں
نادان تمنا ریتی میں، امید کی کشتی کھیتی ہے

اک ہاتھ سے دیتی ہے دنیا، سو ہاتھوں سے لیتی ہے
یہ کھیل ہے کب سے جاری
بچھڑے سبھی،
بچھڑے سبھی باری باری
***

آواز : گیتا دت

وقت نے کیا کیا ہنسیں ستم
تم رہے نہ تم ہم رہے نہ ہم
وقت نے کیا۔۔۔

بے قرار دل اس طرح ملے
جس طرح کبھی ہم جدا نہ تھے
تم بھی کھو گئے، ہم بھی کھو گئے
ایک راہ پر چل کے دو قدم
وقت نے کیا۔۔۔

جائیں گے کہاں سوجھتا نہیں
چل پڑے مگر راستا نہیں
کیا تلاش ہے کچھ پتہ نہیں
بن رہے ہیں دل خواب دم بدم

وقت نے کیا۔۔۔
***

فلم : کہرا

موسیقار : ہیمنت کمار

آواز : لتا منگیشکر

جھوم جھوم ڈھلتی رات
لے کے چلی مجھے اپنے ساتھ
جھوم جھوم ڈھلتی رات۔۔۔

جانے کہاں لے جائے درد بھرا یہ دل
جیسے صدا دیتی ہے کھوئی ہوئی منزل
جیسے صدا دیتی ہے۔۔۔
چھوڑ و پیا میرا چھوڑو ہاتھ

جھوم جھوم ڈھلتی رات۔۔۔

حال یہ ہے مستی کا، سانس لگی تھمنے
اتنے رہے پیاسے ہم جتنی بھی پی ہم نے
اتنے رہے پیاسے ہم۔۔۔
غم کو بڑھا گئی غم کی رات
جھوم جھوم ڈھلتی رات۔۔۔

جس کو کوئی سمجھے نا، بات نہ وہ دہرا
میرا تیرا جیون کیا، چھایا ہوا کہرا
میرا تیرا جیون کیا۔۔۔
کس نے سنی کبھی دل کی بات
جھوم جھوم ڈھلتی رات۔۔۔

***

آواز : ہیمنت کمار

راہ بنی خود منزل
پیچھے رہ گئی مشکل، ساتھ جو آئے تم

دیکھو پھول بن کے ساری دھرتی کھل پڑی
گزرے آرزو کے راستوں سے جس گھڑی، جسم چرائے تم
راہ بنی خود منزل

جھر نا کہہ رہا ہے میرے دل کی داستان
میری پیاس لے کر چھا رہی ہیں مستیاں، جین میں نہائے تم
راہ بنی خود منزل

پنچھی اڑ گئے سب گا کے نغمہ یار کا
لیکن دل نے ایسا جال پھینکا پیار کا، اڑنے نہ پائے تم

راه بنی خود منزل

★★★

آواز : ہیمنت کمار

یہ نین ڈرے ڈرے ، یہ جام بھرے بھرے

ذرا پینے دو

کل کی کس کو خبر ، اک رات ہو کے نڈر

مجھے جینے دو

یہ نین ڈرے ڈرے۔۔۔

رات حسیں یہ چاند حسیں

پر سب سے حسیں میرے دلبر

رات حسیں یہ چاند حسیں

پر سب سے حسیں میرے دلبر

اور تجھ سے حسیں ، اور تجھ سے حسیں تیرا پیار

تو جانے نا

یہ نین ڈرے ڈرے...

پیار میں ہے جیون کی خوشی
دیتی ہے خوشی کئی غم بھی
پیار میں ہے جیون کی خوشی
دیتی ہے خوشی کئی غم بھی
میں مان بھی لوں، میں مان بھی لوں کبھی ہار
تو مانع نا
یہ نین ڈرے ڈرے...
***

فلم : لالہ رخ

موسیقار : خیام

آواز : طلعت محمود

اداس اداس فضاؤں میں نور چھلکاؤ
بجھے بجھے ہوئے تاروں کو ہنس کے چمکاؤ
غرور حسن سلامت نہ راہ دکھلاؤ
رگوں میں ڈوب گیا خون اب تو آجاؤ

آنا ہی پڑے گا، آنا ہی پڑے گا
سر عشق کے قدموں پہ جھکانا ہی پڑے گا
آنا ہی پڑے گا

نغمہ میرا ہر سانس میں رس گھول رہا ہے
اس سانس کے پردے میں خدا بول رہا ہے
نغمہ میرا ہر سانس میں رس گھول رہا ہے
اس سانس کے پردے میں خدا بول رہا ہے
چھیڑا ہے اگر ساز تو گانا ہی پڑے گا
چھیڑا ہے اگر ساز تو گانا ہی پڑے گا
سر عشق کے قدموں پہ جھکانا ہی پڑے گا
آنا ہی پڑے گا
آنا ہی پڑے گا آ آ

ٹپکے گا لہو درد بھرے راگ سے کب تک
کھیلے گی تری مست ادا آگ سے کب تک
ٹپکے گا لہو درد بھرے راگ سے کب تک
کھیلے گی تری مست ادا آگ سے کب تک

اس کھیل میں اب ہاتھ جلانا ہی پڑے گا

اس کھیل میں اب ہاتھ جلانا ہی پڑے گا

سر عشق کے قدموں پہ جھکانا ہی پڑے گا

آنا ہی پڑے گا

آنا ہی پڑے گا آ آ

الفت کبھی دنیا سے ڈرے گی نہ ڈری ہے

پھولوں سے جوانی نے سدا مانگ بھری ہے

الفت کبھی دنیا سے ڈرے گی نہ ڈری ہے

پھولوں سے جوانی نے سدا مانگ بھری ہے

ہنسنے کے لئے زخم تو کھانا ہی پڑے گا

ہنسنے کے لئے زخم تو کھانا ہی پڑے گا

آنا ہی پڑے گا

آنا ہی پڑے گا

آنا ہی پڑے گا

آنا ہی پڑے گا

***

آواز : محمد رفیع

ہے کلی کلی کے لب پر، تیرے حسن کا فسانہ
میرے گلستاں کا سب کچھ، تیرا صرف مسکرانا
ہے کلی کلی کے لب پر، تیرے حسن کا فسانہ

یہ کھلے کھلے سے گیسو، اٹھے جیسے بدلیاں سی،
یہ جھکی جھکی نگاہیں، گریں جیسے بجلیاں سی
تیرے ناچتے قدم میں ہے بہار کا خزانہ
ہے کلی کلی کے لب پر، تیرے حسن کا فسانہ۔۔۔

ترا جھومنا مچلنا، جیسے سر بدل بدل کے
مرا دل دھڑک رہا ہے، تو لچک سنبھل سنبھل کے
کہیں رک نہ جائے ظالم اس موڑ پر زمانہ

ہے کلی کلی کے لب پر، تیرے حسن کا فسانہ۔۔۔

***

آوازیں : آشا بھوسلے ، طلعت محمود

طلعت : پیاس کچھ اور بھی بھڑکا دی جھلک دکھلا کے

تجھ کو پردہ رخ روشن سے ہٹانا ہوگا

پیاس کچھ اور بھی بھڑکا دی جھلک دکھلا کے

تجھ کو پردہ رخ روشن سے ہٹانا ہوگا

آشا : اتنی گستاخ نہ ہو عشق کی آوارہ نظر

حسن کا پاس نگاہوں کو سکھانا ہوگا

اتنی گستاخ نہ ہو عشق کی آوارہ نظر

حسن کا پاس نگاہوں کو سکھانا ہوگا

طلعت : تجھ کو پردہ رخ روشن سے ہٹانا ہوگا

آشا : حسن کا پاس نگاہوں کو سکھانا ہوگا

طلعت : چاند تاروں کو میسر ہے نظارا تیرا
میری بیتاب نگاہوں سے یہ پردہ کیوں ہے
آشا : چاند آئینہ میرا، تارے مرے نقش قدم
غیر کو آنکھ ملانے کی تمنا کیوں ہے

طلعت : تجھ کو پردہ رخ روشن سے ہٹانا ہوگا
آشا : حسن کا پاس نگاہوں کو سکھانا ہوگا

طلعت : تجھ کو دیکھا تجھے چاہا تجھے پوجا میں نے
بس یہی اس کے سوا میری خطا کیا ہوگی
آشا : ہم نے اچھا کیا گھبرا کے جو منہ پھیر لیا
اس سے کم دل کی تڑپنے کی سزا کیا ہوگی
ت : تجھ کو پردہ رخ روشن سے ہٹانا ہوگا
آ : حسن کا پاس نگاہوں کو سکھانا ہوگا

طلعت : پیاس کچھ اور بھی بھڑ کا دی جھلک دکھلا کے

تجھ کو پردہ رخ روشن سے ہٹانا ہوگا

آشا : اتنی گستاخ نہ ہو عشق کی آوارہ نظر

حسن کا پاس نگاہوں کو سکھانا ہوگا

(۲) طلعت

پیاس کچھ اور بھی بھڑ کا دی جھلک دکھلا کے

تجھ کو پردہ رخ روشن سے ہٹانا ہوگا

چاند میں نور نہ تاروں میں چمک باقی ہے

یہ اندھیرا مری دنیا کا مٹانا ہوگا

اے مجھے ہجر کی راتوں میں جگانے والے

جا کبھی نیند جدائی میں نہ آئے گی تجھے

صبح ٹپکے گی تری آنکھ سے آنسو بن کے

رات سینہ کی کسک بن کے جگائے گی تجھے

تجھ کو پردہ رخ روشن سے ہٹانا ہوگا

یہ اندھیرا مری دنیا کا مٹانا ہوگا

کوئی ارماں ہیں نہ حسرت ہے ، نہ امیدیں ہیں
اب مرے دل میں محبت کے سوا کچھ بھی نہیں
یہ مقدر کی خرابی یہ زمانہ کا ستم
بے وفا تیری عنایت کے سوا کچھ بھی نہیں
تجھ کو پردہ رخ روشن سے ہٹانا ہوگا
یہ اندھیرا مری دنیا کا مٹانا ہوگا

پیاس کچھ اور بھی بھڑکا دی جھلک دکھلا کے
تجھ کو پردہ رخ روشن سے ہٹانا ہوگا
***

فلم : نینا

موسیقار : شنکر جے کشن

آواز : آشا بھوسلے

ہونے لگی ہے رات جواں ، جاگتے رہو
شمعوں سے اٹھ رہا ہے دھواں جاگتے رہو

جھپکی پلک تو دل کا جہاں لوٹ لیں گے لوگ
ہونا ہے ایک گناہ یہاں ، جاگتے رہو
ہونے لگی ہے رات جواں ، جاگتے رہو

مڑ مڑ کے آج دیکھ رہا ہے کوئی ادھر

جب تک ہے یہ حسین سما، جاگتے رہو
ہونے لگی ہے رات جواں، جاگتے رہو

اب کوئی راج راج رہے گا نہ صبح تک
ہر زخم بن رہا ہے زباں، جاگتے رہو
ہونے لگی ہے رات جواں، جاگتے رہو
***

فلم : نقلی نواب

موسیقار : بابل

آوازیں : آشا بھوسلے ، طلعت محمود

طلعت : مست آنکھیں ہیں کہ پیمانے دو
ہائے ! آج تو مجھ کو بہک جانے دو
آشا : اتنے چھلکا کے نہ پیمانے دو
ہائے ! اک ذرا ہوش میں آ جانے دو

طلعت : ہوش کا کام بہاروں میں نہیں
تم سا اک پھول ہزاروں میں نہیں
دل کی تسکین نظاروں میں نہیں

دل کے نزدیک ذرا آنے دو
آشا : اک ذرا ہوش میں آ جانے دو
طلعت : آج تو مجھ کو بہک جانے دو

آشا : کھویا کھویا سا یہ خوابوں کا سماں
ہمیں لے آئی ہے ارمان کہاں
طلعت : یہی دنیا تو ہے وہ دنیا جہاں
ایک ہو جاتے ہیں بے گانے دو
آشا : اتنے چھلکا کے نہ پیمانے دو
طلعت : آج تو مجھ کو بہک جانے دو

آشا : دن خوشی کا جو گزر جائے گا
قافلہ دل کا کدھر جائے گا
طلعت : وقت شرما کے ٹھہر جائے گا
اپنی زلفیں مجھے بکھرانے دو

آشا : آج تو مجھ کو بہک جانے دو
طلعت : مست آنکھیں ہیں کہ پیمانے دو

★★★

آواز : محمد رفیع

ہمم۔۔۔

تم پوچھتے ہو عشق بھلا ہے کہ نہیں ہے
کیا جانے تمہیں خوف خدا ہے کہ نہیں ہے
تم پوچھتے ہو

جینے کا ہنر سب کو سکھاتا ہے یہی عشق
انسان کو انسان بناتا ہے یہی عشق
بندے کو خدا کر کے دکھاتا ہے یہی عشق
اس عشق کی توہین خطا ہے کہ نہیں ہے
تم پوچھتے ہو

مانا ہے بڑی درد بھری عشق کی روداد
ہوتی نہیں مٹ کر بھی محبت کبھی برباد

ہر دور میں مجنوں ہوئے، ہر دور میں فرہاد
ہر ساز میں آج ان کی صدا ہے کے ہنہیں ہے
تم پوچھتے ہو

غم پھولنے پھلنے کا بھلا کر کبھی دیکھو
سر عشق کے قدموں پہ جھکا کر کبھی دیکھو
گھر بار محبت میں لٹا کر کبھی دیکھو
کھونے میں بھی پانے کا مزہ ہے کہ نہیں ہے
تم پوچھتے ہو

جب ہو ہی گیا پیار تو سنسار کا ڈر کیا
ہے کون بھلا کون برا، اس کی خبر کیا
دل میں نہ اتر جائے تو الفت کی نظر کیا
ہم دل کے پجاری ہیں پتہ ہے کہ نہیں ہے
تم پوچھتے ہو
***

فلم : نونہال

موسیقار : مدن موہن

آواز : محمد رفیع

میری آواز سنو، پیار کے راز سنو
میں نے ایک پھول جو سینے پہ سجا رکھا تھا
اس کے پردے میں تمہیں دل سے لگا رکھا تھا
تھا جدا سب سے مرے عشق کا انداز سنو
میری آواز سنو، پیار کے راز سنو

زندگی بھر مجھے نفرت سی رہی اشکوں سے
میرے خوابوں کو تم اشکوں میں ڈبوتے کیوں ہو

جو میری طرح جیا کرتے ہیں کب مرتے ہیں
تھک گیا ہوں، مجھے سولی نے دو روتے کیوں ہو
سوکے بھی جاگتے ہی رہتے ہیں جانباز سنو۔۔۔
میری آواز سنو، پیار کے راز سنو

میری دنیا میں نہ پورب ہے نہ پچھم کوئی
سارے انسان سمٹ آئے کھلی باہوں میں
کل بھٹکتا تھا میں جن راہوں میں تنہا تنہا
قافلے کتنے ملے آج انہیں راہوں میں
اور سب نکلے میرے ہمدرد میرے ہم راز سنو۔۔۔
میری آواز سنو، پیار کے راز سنو

نونہال آتے ہیں ارتھی کو کنارے کر لو
میں جہاں تھا انہیں جانا ہے وہاں سے آگے
آسماں ان کا زمیں ان کی زمانہ ان کا

ہیں کئی ان کے جہاں میرے جہاں سے آگے
انہیں کلیاں نہ کہو ہیں یہ چمن ساز سنو۔۔۔
میری آواز سنو، پیار کے راز سنو

کیوں سنواری ہے یہ چندن کی چتا میرے لئے
میں کوئی جسم نہیں ہوں، کہ جلاؤ گے مجھے
راکھ کے ساتھ بکھر جاؤں گا میں دنیا میں
تم جہاں کھاؤ گے ٹھوکر وہیں پاؤ گے مجھے
ہر قدم پر ہے نئے موڑ کا آغاز سنو۔۔۔
میری آواز سنو، پیار کے راز سنو
***

آواز : محمد رفیع

تمہاری زلف کے سائے میں شام کر لوں گا
سفر اک عمر کا پل میں تمام کر لوں گا
تمہاری زلف کے سائے میں شام کر لوں گا

نظر ملائی تو پوچھوں گا عشق کا انجام
نظر جھکائی تو خالی سلام کر لوں گا
تمہاری زلف کے سائے میں شام کر لوں گا

جہاں دل پہ حکومت تمہیں مبارک ہو
رہی شکست تو میں اپنے نام کر لوں گا
تمہاری زلف کے سائے میں شام کر لوں گا
***

فلم : پاکیزہ

موسیقار : غلام محمد
آواز : لتا منگیشکر

چلتے چلتے ، چلتے چلتے
یونہی کوئی مل گیا تھا ، یونہی کوئی مل گیا تھا
سرِ راہ چلتے چلتے ، سرے راہ چلتے چلتے
وہیں تھم کے رہ گئی ہے ، وہیں تھم کے رہ گئی ہے
مری رات ڈھلتے ڈھلتے ، مری رات ڈھلتے ڈھلتے

جو کہی گئی ہے مجھ سے ، جو کہی گئی ہے مجھ سے
وہ زمانہ کہہ رہا ہے ، وہ زمانہ کہہ رہا ہے

کہ فسانہ

کہ فسانہ بن گئی ہے، کہ فسانہ بن گئی ہے
مری بات ٹلتے ٹلتے، میری بات ٹلتے ٹلتے

یونہی کوئی مل گیا تھا، یونہی کوئی مل گیا تھا
سر راہ چلتے چلتے، سر راہ چلتے چلتے۔۔۔

شب انتظار آخر، شب انتظار آخر
کبھی ہوگی مختصر بھی، کبھی ہوگی مختصر بھی

یہ چراغ

یہ چراغ بجھ رہے ہیں، یہ چراغ بجھ رہے ہیں
مرے ساتھ جلتے جلتے، مرے ساتھ جلتے جلتے
یہ چراغ بجھ رہے ہیں، یہ چراغ بجھ رہے ہیں
یہ چراغ بجھ رہے ہیں، یہ چراغ بجھ رہے ہیں
یہ چراغ بجھ رہے ہیں، یہ چراغ بجھ رہے ہیں

مرے ساتھ چلتے چلتے، مرے ساتھ چلتے چلتے

یونہی کوئی مل گیا تھا، یونہی کوئی مل گیا تھا

سر راہ چلتے چلتے، سر راہ چلتے چلتے۔۔۔

***

فلم : شمع

موسیقار : غلام محمد

آواز : ثریا

آپ سے پیار ہوا جاتا ہے
کھیل دشوار ہوا جاتا ہے
آپ سے پیار ہوا جاتا ہے

تم نے کیوں پیار سے دیکھا مجھ کو
تم نے کیوں پیار سے دیکھا مجھ کو
درد بیزار ہوا جاتا ہے

آپ سے پیار ہوا جاتا ہے

اس تمنا میں کہ تم دو گے سزا، تم دو گے سزا
دل گناہگار ہوا جاتا ہے
آپ سے پیار ہوا جاتا ہے

دل جو ہر قید سے گھبراتا تھا، گھبراتا تھا
خود ہی گرفتار ہوا جاتا ہے
آپ سے پیار ہوا جاتا ہے
***

آواز؛ ثریا

راگ : پیلو

دھڑکتے دل کی تمنا ہو میرا پیار ہو تم

مجھے قرار نہیں

مجھے قرار نہیں

جب سے بے قرار ہو تم

جب سے بے قرار ہو تم

دھڑکتے دل کی تمنا ہو میرا پیار ہو تم

کھلاؤ پھول کسی کے کسی چمن مین رہو

کھلاؤ پھول کسی کے کسی چمن مین رہو

جو دل کی راہ سے گزری ہے وہ بہار ہو تم

گزری ہے وہ بہار ہو تم

زہ نصیب عطا کی جو درد کی سوغات
زہ نصیب عطا کی جو درد کی سوغات
وہ غم حسین ہے، جس غم کے ذمہ دار ہو تم
غم کے ذمہ دار ہو تم
دھڑکتے دل کی تمنا ہو میرا پیار ہو تم

چڑھاؤں پھول یا آنسو تمہارے قدموں میں
مری وفاؤں کے الفت کی یادگار ہو تم
الفت کی یادگار ہو تم
دھڑکتے دل کی تمنا ہو میرا پیار ہو تم
★★★

آواز: سمن کلیان پور

دل غم سے جل رہا ہے جلے، پر دھواں نہ ہو
ممکن ہے اس کے بعد کوئی، امتحاں نہ ہو

دنیا تو کیا خدا سے بھی گھبرا کے کہہ دیا
دنیا تو کیا خدا سے بھی گھبرا کے کہہ دیا
وہ مہرباں نہیں تو کوئی مہرباں نہ ہو
دل غم سے۔۔۔

لوٹا خوشی نے آگ لگا دی بہار نے
لوٹا خوشی نے آگ لگا دی بہار نے
برباد اس طرح بھی کسی کا جہاں نہ ہو
دل غم سے۔۔۔

اب تو وہیں سکوں ملے گا مجھے جہاں
اب تو وہیں سکوں ملے گا مجھے جہاں
یہ سنگدل زمیں نہ ہو، آسماں نہ ہو
دل غم سے جل رہا ہے جلے، پر دھواں نہ ہو
★★★

آواز : سمن کلیان پور

ایک جرم کر کے ہم نے چاہا تھا مسکرانا
مرنے نہ دے محبت، جینے نہ دے زمانا

ہم بے تعلقی کی رسمیں نبھا دیں گے
پر تم نہ یاد کرنا، پر تم نہ یاد آنا

یہ سوچ کر بجھا دی خود شمع آرزو کی
شاید ہو روشنی میں، مشکل نظر ملانا

جب اشک پی لئے ہیں، جب ہونٹ سی لئے ہیں
تب پوچھتی ہے دنیا، مجھ سے میرا فسانہ

ایک جرم کر کے ہم نے چاہا تھا مسکرانا

فلم : شعلہ اور شبنم

موسیقار : خیام

آواز : محمد رفیع

راگ : پہاڑی

جانے کیا ڈھونڈھتی رہتی ہیں یہ آنکھیں مجھ میں
راکھ کے ڈھیر میں شعلہ ہے نہ چنگاری ہے

اب نہ وہ پیار نہ اس کی یادیں باقی
آگ یوں دل میں لگی کچھ نہ رہا کچھ نہ بچا
جس کی تصویر نگاہوں میں لئے بیٹھا ہو

میں وہ دل دار نہیں اس کی ہوں، خاموش چتا
جانے کیا ڈھونڈھتی رہتی ہیں یہ آنکھیں مجھ میں
راکھ کے ڈھیر میں شعلہ ہے نہ چنگاری ہے

زندگی ہنس کے نہ گزرتی تو بہت اچھا تھا
خیر ہنس کے نہ سہی رو کے گزر جائے گی
راکھ برباد محبت کی بچا رکھی ہیں
بار بار اس کو جو چھیڑا تو بکھر جائے گی
جانے کیا ڈھونڈھتی رہتی ہیں یہ آنکھیں مجھ میں
راکھ کے ڈھیر میں شعلہ ہے نہ چنگاری ہے

آرزو جرم وفا جرم تمنا ہے گناہ
یہ وہ دنیا ہے جہاں پیار نہیں ہو سکتا
کیسے بازار کا دستور تمہیں سمجھاؤں
بک گیا جو وہ خریدار نہیں ہو سکتا۔۔۔

بک گیا جو وہ خریدار نہیں ہو سکتا۔۔۔
***

فلم : اس کی کہانی

موسیقار : کنو رائے

آواز : گیتا دت

آج کی کالی گھٹا، مست متوالی گھٹا
مجھ سے کہتی ہے کہ پیاسا ہے کوئی
کون پیاسا ہے، مجھے کیا معلوم
آج کی کالی گھٹا۔۔۔

پیاس کے نام سے جی ڈرتا ہے
اسی الزام سے جی ڈرتا ہے
شوق بدنام سے جی ڈرتا ہے
میٹھی نظروں میں سمایا ہے کوئی

کیوں سمایا ہے، مجھے کیا معلوم
آج کی کالی گھٹا۔۔۔

پیاسی آنکھوں میں محبت لے کے
لڑکھڑانے کی اجازت لے کے
مجھ سے بے وجہ شکایت لے کے
دل کی دہلیز تک آیا ہے کوئی
کون آیا ہے، مجھے کیا معلوم
آج کی کالی گھٹا۔۔۔

کچھ مزہ آنے لگا جینے میں
جاگ اٹھا درد کوئی سینے میں
میرے احساس کے آئینے میں
اک سایا نظر آتا ہے کوئی
کس کا سایا ہے، مجھے کیا معلوم

آج کی کالی گھٹا۔۔۔

زندگی پہلے نہ تھی اتنی حسیں
اور اگر تھی تو مجھے یاد نہیں
یہی افسانہ نہ بن جائے کہیں
کچھ نگاہوں سے سناتا ہے کوئی
کیا سناتا ہے، مجھے کیا معلوم
آج کی کالی گھٹا۔۔۔

***

تشکر : لرکس انڈیاڈاٹ نیٹ

https://lyricsindia.net/